W0059583

Susanne Schanz

Super Smoothies
super lecker – super Tag

Durchgedrehte Rezepte für die ganze Familie

Ulmer

Good Morning 9

Wake-up-Smoothies für alle Langschläfer,
Schnarchbären, Morgenmuffel und
FröhlichausdemBettHüpfer.

Keine Lust mehr auf Brote schmieren?
Dann raus aus den Federn, rein in die
Puschen. Obst in den Mixer, Knöpfchen
gedrückt und fertig ist der Morgen-
Smoothie, ganz ohne Brot und Butter.
Egal ob Vitaminpower oder Sonntags-
genuss, es lohnt sich immer, für einen
Smoothie aufzustehen – denn mit
diesem geht morgens die Sonne auf.

Happy Lunch 31

Energiebomben-Smoothies zur Entschleunigung und gegen den kleinen Hunger.

Knurrt der Magen?
Dann passt jetzt genau ein gekühlter
Gemüse- oder Frucht-Smoothie, egal ob
pikant oder süß. Die bescheren nicht nur
eine kleine Pause, sie löschen auch den
Durst oder sättigen ganz angenehm, je
nachdem, welcher der bunten Smoothies
im Glas ist.

Hello Afternoon 55

Genuss-Smoothies für Kaffeetanten, Schleckmäulchen und Schokoladenlover.

Freunde kommen zum Kaffeeklatsch? Dann bleibt nur noch die Entscheidung: lieber die Kaffeevariante oder mit Schokolade, die süße Sünde aus Sahne und Baiser oder doch lieber Vanilleeis mit Zimt? Falls die Entscheidung zu schwer fällt, sind auch schnell verschiedene Varianten gemixt. Das wird ein genussreicher Nachmittag ...

Durchgedrehte Mix-Ideen

Smoothies to go   21
Durstlöscher Smoothies   45
Mix mit Kids   67
Hot Smoothies   87

Sweet Nights 73

Gute-Nacht-Smoothies für Couch-Potatos und InsBettgeher, beschwipste Smoothies für Partygänger und Nacht-eulen.

Bis in die Puppen tanzen oder Beine hoch?
Smoothies sind, gemixt mit Früchten, Wein, Prosecco & Co., ebenso partytauglich wie Seelenwärmer oder Betthupferl. Kombiniert mit einem guten Buch zum Selberlesen oder Vorlesen ideal für Sofa oder Bett ...

Statt Vorwort: Kleine Vorstellungsrunde

Die Fotografin und Autorin

Ich glaube, ich habe nie gesünder gelebt als in der Zeit der Smoothie-Produktion. Kiloweise Obst und Gemüse haben sich im Kühlschrank, in der Küche und im Studio gestapelt. Kokosnüsse, Erdbeeren, Himbeeren und Brombeeren, Äpfel, Pfirsiche, Trauben, Kiwis und Orangen. Von den mindestens 5 Kilo Bananen mal ganz abgesehen ... Gemüse wie Gurken, Tomaten und Karotten gehörten auch dazu. Und zu guter Letzt waren es sicher 10 Liter Milch und 1 Kilogramm Joghurt, die hier verarbeitet wurden. Bei der ganzen Rezepteausdenkerei und Mixerei bin ich auf den Geschmack von Passionsfrüchten gekommen: so was von herrlich sauer und frisch. Einfach wunderbar!

Aber nur gesund wäre ja auch langweilig. **Der Mix macht's nämlich** – im wahrsten Sinne des Wortes. Honig war im Spiel, Ahornsirup, Vanillezucker und Baisers. Aber auch Reichhaltiges wie Schokolade, Sahne, Creme fraîche und Vanilleeis gehörten zu den Zutaten.

Dies alles, in den unterschiedlichsten Kombinationen, gab es hier über viele Wochen zum Trinken und zum Schlecken. Es wurde wild gemixt und gekleckert, verkostet und geschleckt. Und es gab reichlich verschmierte Kindermünder, klebrige Hände und Arbeitsplatten. Der Mixer lief auf Hochtouren und wurde **gefühlte 1000 Mal** gespült. Und er funktioniert immer noch!

Allegra

Paul

Anna

Etwa **2000 Bilder** sind während der Produktion entstanden, wurden gesichtet, ausgewählt und die schönsten davon bearbeitet. Zwischendurch wurden immer wieder säckeweise Eiswürfel im Tiefkühler verstaut. 36 Rezepte wurden geschrieben, variiert, umgeworfen und verändert, bis dieses schöne und vielseitige Smoothie-Buch fertig war.

Zum Abschied von diesem schönen Projekt genehmige ich mir einen Berry Punch mit schön viel Crémant und stoße an auf alle, die daran mitgewirkt haben und bedanke mich bei den Kindern Anna, Paul und Allegra, die so toll mitgemacht haben, bei deren Müttern, bei der Verlagslektorin Frau Munk, bei Martina Dittus fürs Layout, bei meiner Familie für ihre Ideen und Tipps, bei Freunden und Nachbarn fürs Verkosten und Modellstehen:
Danke, Eileen und Jessi!

Die Kinder

Anna mit den schönen, blonden Zöpfen ist **10 Jahre alt**. Sie hat ein unglaublich ansteckendes Lachen, mag Mathe überhaupt nicht und spielt leidenschaftlich gerne Verstecken. Der Smoothie „**Rosaroter Panther**" hat ihr am allerbesten geschmeckt: „Den kann man so schön dekorieren. Das hat Spaß gemacht!".

Allegra ist **9 Jahre alt** und möchte gerne mal Tierärztin werden, weil ihr Tiere sehr am Herzen liegen. Sie lernt gerne chinesisch und geht zum Leistungsturnen. Eigentlich fand sie alle Smoothies sehr lecker, aber der „**Gute Nacht Kuss-Smoothie**" war „der beste von allen."

Paul mit seinen strahlend blauen Augen hat mich beim Shooting mit dem Jonglieren von grünen Äpfeln begeistert. Er ist **11 Jahre alt**, sehr sportlich und voller Energie, spielt mit Hingabe im Fußballverein und beschäftigt sich mit allem, was mit Fußball zu tun hat, wenn er nicht gerade liest. Den Smoothie „**Fleißiges Bienchen**" mit den Heidelbeeren fand er am leckersten von allen.

Seelentröster und Vitaminbomben

Eines möchte ich vorwegschicken: Wenn man sich an Smoothies macht, kann man nicht viel falsch machen. Sicher sind ein paar Rezepte als Einstieg inspirierend, aber wenn Sie auf Ihren Körper hören – was das beste ist – oder sich vom regionalen Angebot auf Wochenmärkten anstecken lassen, dann steht Ihnen bei der Zubereitung köstlicher Smoothies nichts im Wege. Das einzige, worauf Sie achten müssen, ist, reifes Obst oder Gemüse und genügend Flüssigkeit in Form von Milch, Joghurt, Kefir, Molke, Kokoswasser, Kokosmilch, Reismilch, Sojamilch, Mandelmilch, Kombucha, Wasser, Tee oder Saft zu verwenden.

Der Spaß kommt auf jeden Fall mit dem Ausprobieren und dem Experimentieren, egal ob Sie sich alleine an den Mixer ranwagen, mit Ihrem Partner oder mit Ihren Kindern. Der Fantasie sind keine Grenzen gesetzt. Jeder darf seine Lieblingsfrüchte auswählen und los geht's. Bald finden Sie Ihre Rezeptur und Ihre Menge.

Gesund und frisch
Schneller und einfacher als mit leckeren Smoothies kann man Kindern oder sich selbst kein Obst und Gemüse „unterjubeln". Und einen weiteren Pluspunkt gegenüber den gekauften Smoothies haben Ihre Smoothies allemal: Sie beinhalten keine Zusatzstoffe und sind absolut frisch verarbeitet.

Auch für einen schnellen Energiekick nach der Schule oder dem Kindergarten oder als Seelentröster am Abend, nach einem anstrengenden Tag, eignen sich Smoothies hervorragend. Wer also das hundertste Abendbrot nicht mehr sehen kann, kann auf diese Weise ein einfaches, nahrhaftes und fixes Abendessen zubereiten. Einfach eine tolle Abwechslung im Alltag – und sogar partytauglich ...

Süßen nach Geschmack
Verwenden Sie am besten immer reifes Obst, das gibt oftmals genug Süße ab und Sie können sich den Zusatz von Süßungsmitteln sparen. Allerdings gibt es heute neben Zucker und Honig auch genug andere Süßungsmittel wie Ahornsirup, Agavendicksaft und Reissirup.

Neben der Süße ist auch ein Zusatz von Säure für den ausgewogenen Geschmack nicht unerheblich. Zitrone und Limette oder auch Grapefruitsaft runden, je nach Rezept, fast jeden Smoothie ab. Damit sind nicht nur reine Obst-Smoothies gemeint, auch beispielsweise einem Bananen-Milch-Smoothie tun einige Spritzer Zitronensaft sehr gut.

Für noch mehr Geschmack

Kommen wir zur Konsistenz: Hier können Sie auch selbst entscheiden, wie cremig oder flüssig Sie einen Smoothie haben möchten. Sie können daher gerne entweder mehr von der angegebenen Flüssigkeit hinzufügen oder auch mehr Obst oder Gemüse. Für die Verarbeitung der Zutaten eignet sich aus eigener Erfahrung am besten ein Standmixer, der kein Hochleistungsgerät sein muss, außer Sie wollen eine Fußballmannschaft verköstigen. In den meisten Fällen reicht sogar ein einfacher Pürierstab aus.

In sehr vielen Rezepten werden Sie Eiswürfel finden, da Smoothies in den meisten Fällen kalt am besten schmecken. Wenn Sie es aber nicht so gerne kalt mögen, können Sie selbstverständlich das Eis durch Wasser ersetzen.

Spielen Sie, lassen Sie sich treiben. Verwöhnen Sie sich mit gesunden, farbenfrohen Mixturen. Spielen mit Obst und Gemüse ist in diesem Fall ausdrücklich erlaubt. Genießen Sie aber auch in vollen Zügen die reichhaltigen schokoladigen und sahnigen Varianten.

Mixen Sie, was der Mixer hergibt, setzen Sie sich bequem aufs Sofa und lassen Sie Ihre Seele baumeln. Die Küche kann auch morgen gemacht werden.

Alle Rezepte gelten für 600 ml, also zwei große Gläser.

Ich habe jeweils etwa sechs große Eiswürfel (6 cm) verwendet.

Good Morning

Wake-up-Smoothies für alle Langschläfer,
Schnarchbären,
Morgenmuffel und FröhlichausdemBettHüpfer

Greek delight

Frühstücksgenuss aus griechischem Joghurt, Nüssen und Honig

1 reife Banane
1 EL Zitronensaft
300 ml Milch
150 g griechisches Joghurt
1 EL Pistazien

1 TL Honig
1 EL Pistazienkerne, gehackt
8 Walnüsse
1 EL Butter
1 EL Rohrohrzucker

- Für das Topping 4 Walnüsse grob hacken und in der Butter leicht bräunen. Mit dem Zucker bestreuen und karamellisieren lassen. Beiseite stellen.

- Banane in Stücke schneiden und zusammen mit dem Zitronensaft mixen.

- Milch, Joghurt, 4 gehackte Walnüsse, 1 EL Pistazienkerne und Honig hinzufügen und gut durchmixen.

- Auf zwei Gläser verteilen und mit den karamellisierten Walnüssen und den gehackten Pistazien dekorieren.

*Frühstücken wie am Meer.
Mit einer Mischung aus Banane,
griechischem Joghurt, Milch,
Honig, Pistazien und Walnüssen.*

Wer keine Walnüsse oder Pistazien im Haus hat, kann auch eine Variante zubereiten. Dafür eignen sich Pekannüsse, Mandeln, Haselnüsse oder Leinsamen.

Morning Sun

Fruchtige Mischung aus Ananas, Orange und Ingwer

1 Banane
4 Orangen
200 g frische Ananas
5 g Ingwer
Eiswürfel

- Banane in Stücke schneiden.

- Zwei Orangen filetieren, die anderen zwei Orangen auspressen.

- Ananasstück schälen, putzen und ebenfalls in Stücke schneiden.

- Ingwer schälen und fein hacken.

- Zuerst im Mixer das Eis crushen und dann die restlichen Zutaten hinzufügen und gut mixen.

Mit diesem Smoothie geht morgens die Sonne in der Küche auf. Erfrischung pur!

Banane nach dem Schälen möglichst schnell verarbeiten, damit sie nicht oxidiert, also sich braun verfärbt. Alternativ können Sie die Bananenstücke mit Zitronensaft beträufeln, nur in diesem Rezept sind schon säuerliche Komponenten enthalten, sodass sich hier diese Variante nicht unbedingt empfiehlt. Zitrusfrüchte immer filetieren.

Glowing Sunshine

Vitaminpower mit Karotten, Grapefruit und Ingwer

1 Karotte
1 große gelbe Grapefruit
5 g Ingwer
Eiswürfel
200 ml Kokoswasser
1 EL Agavensirup
1 EL Limettensaft

- Karotte schälen, in Stücke schneiden und in etwas Wasser 20 Minuten weich kochen.

- Abkühlen lassen (kann man auch über Nacht machen).

- Eine Hälfte der Grapefruit filetieren und klein schneiden. Die andere Hälfte auspressen.

- Ingwer schälen und fein hacken.

- Eis im Mixer crushen.

- Grapefruitstücke, gekochte Karotten, Ingwer, Grapefruitsaft, Kokoswasser und Agavensirup in den Mixer geben und gut pürieren.

- Mit Limettensaft abschmecken.

Eine reiche Vitaminquelle für einen bombigen, farbenfrohen Start in den Tag!

auch lecker

Den Power-Smoothie kann man statt mit Agavensirup auch mit Honig, Ahornsirup oder Reissirup süßen.

Green Tea

Teegenuss mit Pfirsichen, Joghurt und Zitroneneis

150 ml grüner Tee
1½ reife Pfirsiche
100 g cremiges Naturjoghurt
150 g Zitroneneis
2 EL Zitronensaft
crushed Ice

- Grünen Tee mit Geschmack nach Wahl aufbrühen und abkühlen lassen.

- Pfirsiche schälen und in Stücke schneiden.

- Früchte, Joghurt, Zitroneneis, Zitronensaft und die Hälfte des abge-
  kühlten Tees in den Mixer geben und mehrmals kräftig mixen.

- Dann die restliche Flüssigkeit hinzufügen und nochmals mixen.

- Zum Schluss crushed Ice hinzugeben und umrühren.

*Die perfekte Erfrischung
im Sommer! Eignet sich auch
prima als kühles Dessert.*

aufhübschen

Wer den Smoothie hübsch servieren möchte, kann auf die gefüllten Gläser nochmals
eine Kugel Eis geben und mit geriebener Bio-Zitronenschale bestreuen.

Strawberry Kombucha Kick

Energie und Vitamine durch Kombucha, Kefir und Erdbeeren

20 g zartschmelzende Haferflocken
150 ml gekühlter Kefir
1 Zitronengrasstängel (nur das weiße Innere)
280 g Erdbeeren
100 ml gekühlter Kombucha

- Haferflocken im gekühlten Kefir ca. 10 Minuten einweichen.
- Das Innere des Zitronengrasstängels sehr fein hacken.
- Erdbeeren waschen, putzen und in Stücke schneiden.
- Die Hälfte der Erdbeeren mit dem Kombucha aufmixen.
- Die restlichen Erdbeeren, die Kefir-Haferflocken und gehacktes Zitronengras hinzugeben und nochmals mixen.

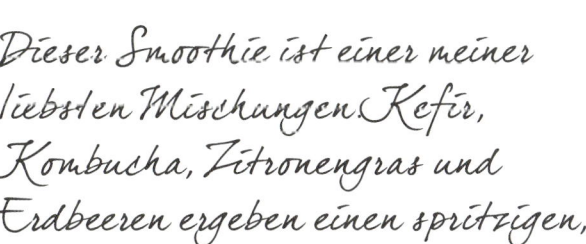

Dieser Smoothie ist einer meiner liebsten Mischungen Kefir, Kombucha, Zitronengras und Erdbeeren ergeben einen spritzigen, fruchtigen Energietrunk.

Wer es gerne noch spritziger und leichter mag, der kann die Hälfte des Kefirs durch Sprudelwasser ersetzen. Dieser Smoothie lässt sich zudem gut mit anderen Früchten oder Beeren der Saison variieren. Wer eine andere Note als Zitronengras bevorzugt oder auch hier variieren möchte, sollte mal Minzeblätter oder Waldmeister ausprobieren.

Smoothies to go

Smoothies kann man wunderbar mitnehmen, vorausgesetzt man hat die geeigneten Utensilien zu Hand. Dabei muss man sich nicht unbedingt neue Gefäße anschaffen, verwenden Sie einfach ausgespülte Marmeladengläser, kleine Saft- oder Sprudelflaschen, Kondensmilch- oder Salatsaucenfläschchen in den unterschiedlichen Größen und Formen. Für Schule oder Kindergarten sind Plastikflaschen oder Thermoskannen die beste Wahl ...

Thermoskannen und -becher helfen dabei, die Smoothies länger kühl und frisch zu halten. Melamin- oder Plastiktrinkbecher mit Deckel und Trinkhalm bieten sich auch an, um kleinere Mengen mitzunehmen.

Für Toppings eignen sich die klassischen Weckgläser, die es auch in vielen verschiedenen Größen gibt, sehr gut – aber natürlich auch jedes kleine Plastikschüsselchen.

Wer alles noch schön hübsch dekorieren und verpacken möchte, findet unter den letzten drei Links ausreichend Möglichkeiten, u.a. Strohhalme und Maskingtapes, Sticker und Aufkleber.

www.bottles.de

www.flaschenland.de

www.glaeserundflaschen.de

www.blueboxtree.com

www.schönhaberei.de

www.bertine.de/thermosflaschen-kannen

STEHAUFMÄNNCHEN

Mischung aus Aprikose, Milchprodukten und Amaranth

150 g reife Aprikosen
1 gefrorene Banane
3 EL Limettensaft
300 ml Milch
2 EL griechisches Naturjoghurt
2 EL gepuffter Amaranth

- Aprikosen entkernen und klein schneiden.

- Die Banane kurz antauen lassen und in Stücke schneiden.

- Bananenstücke mit dem Limettensaft im Mixer kurz hacken.

- Dann Aprikosen, Milch, Joghurt hinzufügen und pürieren.

- Mit dem gepufften Amaranth servieren.

Schon als Kind bin ich eher schwer aus dem Bett gekommen. Mit diesem milchigen Knusper-Smoothie locken Sie Ihr Kind aus den Federn. Ach, hätte meine Mutter doch früher auch so was gemacht.

ODER SO

Sollten Sie keine reifen Aprikosen bekommen, können Sie die Früchte auch kurz in wenig Wasser weich kochen und dann weiterverarbeiten. Lassen Sie Ihr Kind die Menge des Amaranths selbst bestimmen. Das macht Spaß und ist oberknusprig.

OVO

Ovomaltine-Getränk aus Banane, Milch und Mandelmus

1 Banane
350 ml Milch
2 TL Mandelmus
2 EL Ovomaltine

- Banane in Stücke schneiden.
- Zusammen mit der Milch, dem Mandelmus und der Ovomaltine glatt mixen.

Als Kind habe ich Ovomaltine geliebt. Okay, jetzt auch noch. Der herkömmliche Kakao war und ist mir immer zu pudrig und zu süß. Dieser gehaltvolle Malz-Mix sorgt für einen putzmunteren Start in die Schule oder in den Kindergarten.

MACH ICH SELBST

Wer Mandelmus nicht kaufen möchte, weil es recht teuer ist, kann es auch leicht selbst herstellen. Dafür 300 g Mandeln ohne Schale im Standmixer mahlen. Darauf achten, dass die Masse nicht zu heiß wird. Immer wieder abkühlen lassen. Das ist sehr wichtig, denn sonst trennt sich das Mandelöl nicht richtig. Nach und nach werden die Mandeln immer feiner und feiner, bis das Öl beginnt, sich zu trennen. Langsam werden sie zur Paste, aber es muss noch weitergemixt werden, bis alles schön sämig ist. Eventuell 1–2 EL Mandelöl unterrühren. Nicht im Kühlschrank aufbewahren.

PROFESSOR BIRCHER

Das original Bircher Müsli als Smoothie:
Haferflocken, Milch, Joghurt und Früchte

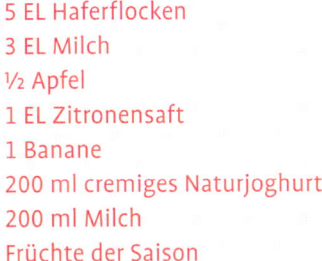

5 EL Haferflocken
3 EL Milch
½ Apfel
1 EL Zitronensaft
1 Banane
200 ml cremiges Naturjoghurt
200 ml Milch
Früchte der Saison

- Haferflocken in den 3 EL Milch einweichen.

- Apfel schälen, reiben und mit Zitronensaft vermischen.

- Banane in Stücke schneiden und zusammen mit den anderen Zutaten im Mixer pürieren, außer den Früchten.

- Früchte der Saison klein schneiden und damit servieren.

Früher hat meine Mutter sehr oft Bircher Müsli zum Frühstück gemacht. Es ist wirklich nahrhaft, schmeckt früchtesüß und joghurtcremig. Bekommt Ihr Kind morgens einfach nichts hinunter, ist diese Variante, als Smoothie zubereitet, eine tolle Alternative.

AUCH LECKER

Nach Belieben können Sie statt der frischen Früchte auch Rosinen, Cranberrys oder andere getrocknete Früchte dazugeben.

FLEISSIGES BIENCHEN

Kalzium-, Vitamin-, Mineralstoff- und Eiweiß-Power-drink mit Heidelbeeren und Milchprodukten

100 g Heidelbeeren aus dem Glas
250 g Quark
250 ml kalte Milch
1–2 EL Blütenpollen
ggf. 1 EL Ahornsirup

- Heidelbeeren, Quark und Milch im Mixer schön glatt pürieren.

- Zum Schluss die Blütenpollen hinzufügen und gut umrühren.

- Nach Belieben mit Ahornsirup süßen.

Die Bienen sind ein fleißiges Völkchen. Den ganzen Tag sammeln sie Blütenstaub-körner, die eine reiche Quelle an natürlichen Vitaminen, Mineralien, Proteinen, Aminosäuren und Enzymen enthalten. Die Bienchen helfen uns somit den Tag mit mehr Energie und somit Freude zu durchleben.

PROBIEREN...

... Sie Blütenpollen von verschiedenen Anbietern. Da gibt es geschmacklich große Unter-schiede. Sollten sie dennoch anfangs gewöhnungsbedürftig sein, mischen Sie für Ihr Kind die Pollen gut unter den Smoothie.

Happy Lunch

Energiebomben-Smoothies zur Entschleunigung
und gegen den kleinen Hunger

Staying alive

Rote Vitaminbombe aus Roter Bete,
Apfel, Orange und Grapefruit

1 Orange
1 Apfel
½ Rote Bete

½ Grapefruit
1 gefrorene Banane
Eiswürfel

- Orange filetieren.

- Apfel schälen und in kleine Stücke schneiden.

- Rote Bete in Stücke schneiden.

- Grapefruit auspressen.

- Banane in Stücke schneiden, kurz antauen lassen und zusammen mit den Eiswürfeln im Mixer hacken.

- Dann die anderen Zutaten hinzufügen und alles pürieren.

Rote Bete mag nicht jeder. Daher darf ich sagen, dass man sie angenehm wenig herausschmeckt. Die Säure der Früchte mildert wunderbar die Erdigkeit der Roten Bete. Und die Farbe dieses Smoothies wird dadurch einfach unbezahlbar.

Als Arbeits- und Zeitersparnis rate ich, vorgekochte und vakuumverpackte Rote Bete zu kaufen. Und am besten Einweghandschuhe benutzen. Dieses Gemüse färbt sonst die Finger dunkelrot.

Cheer me up

Spritzige Mischung aus Trauben, Kiwi und Apfelsaft

2 Kiwis
200 g helle Trauben
50 ml gekühlter Apfelsaft
6 Minzblätter
crushed Ice

- Kiwis schälen und klein schneiden.

- Trauben waschen und halbieren.

- Früchte, Apfelsaft und Minzblätter im Mixer pürieren.

- Mit crushed Ice auffüllen und umrühren.

Grün macht Freude.
Im Büro. Zu Hause. Beim Picknick.
Pürieren. Genießen. Gut fühlen!

nimms mit

Wer seinen Smoothie für unterwegs auslaufsicher "einpacken" möchte, füllt ihn einfach in ein Schraub- bzw. Marmeladenglas und stellt ihn kalt. Alternativ in eine Thermoskanne abfüllen.

Almost bloody mary

Pikant-süßer Smoothie aus Tomaten, Blutorangen, Erdbeeren und Chili

160 g Cocktailtomaten
100 g Erdbeeren
50 g Staudensellerie (optional)
2 Blutorangen
5 g Schnittlauch

1 Limette
Eiswürfel
1 EL Agavensirup
1 Prise Chipotle-Salz
(alternativ Chili-Salz)

- Tomaten, Erdbeeren und Staudensellerie waschen und klein schneiden.

- Die Blutorangen filetieren und ebenfalls klein schneiden.

- Schnittlauch waschen und hacken.

- Limette auspressen.

- Eiswürfel im Mixer crushen.

- Dann alle anderen Zutaten zugeben und kräftig pürieren.

- Mit Limette, Agavensirup und Chipotle-Salz würzen.

Die Säure der Tomaten, die Süße der Erdbeeren und die Schärfe von Chili sind eine feine Komposition.

selbst gemacht

Chipotle-Salz besteht u.a. aus geräuchertem Chili. Sollten Sie dies nicht bekommen, können Sie alternativ auch getrocknete Chilis mit grobem Meersalz im Mörser mahlen.

Green Lassi

Milch-Mix-Getränk aus Gurke, Joghurt, Basilikum und Cayennepfeffer

1 Salatgurke
Eiswürfel
300 g griechisches Naturjoghurt
8 Basilikumblätter
½–1 TL Meersalz
1 Prise Cayennepfeffer

- Gurke schälen, entkernen und raspeln. 10 Minuten ziehen lassen. Dann mit den Händen die Flüssigkeit auspressen.

- Eiswürfel im Mixer crushen.

- Anschließend Gurkenraspel, Joghurt, Basilikumblätter dazugeben und schaumig mixen.

- Mit Meersalz und Cayennepfeffer abschmecken.

Wenn ich indisch essen gehe, bestelle ich immer einen oder zwei klassische Lassi. Ich mag diesen salzigen, etwas scharfen Joghurtgeschmack, der sich wunderbar ans scharfe Essen schmiegt.

exotisch

Wer den Lassi-Smoothie noch exotischer würzen möchte, kann statt mit Cayennepfeffer auch mit Kardamompulver und Kreuzkümmel experimentieren.

Passionsfrucht Splash

Säuerlicher Fruchtmix aus Passionsfrucht, Orange und Limette

3 Passionsfrüchte
3 Orangen
1½ Limetten

Eiswürfel
3 EL Rohzuckersirup
Minzeblätter zum Dekorieren

- Passionsfrüchte mit einem scharfen Messer halbieren und das Fruchtfleisch herauslösen.

- Eine Orange und die halbe Limette auspressen.

- Die zwei übrigen Orangen und die Limette filetieren und in Stücke schneiden.

- Eiswürfel im Mixer crushen und dann das ganze Fruchtfleisch sowie die ausgepressten Säfte hinzufügen und mixen.

- Nun den Rohzuckersirup dazugeben und nochmals mixen.

- Mit Minzeblättchen servieren.

Dieser sommerlich exotische Smoothie hat mein Herz erobert. Säuerlich, erfrischend und farblich eine Wucht!

kernfrei

Die Kerne der Passionsfrüchte sind essbar. Wer sie aber nicht mag, kann das Fruchtfleisch durch ein Sieb streichen.

Grashopper

Inselfeeling mit Kokos, Melone, Spinat und Apfel

½ Zitrone
1 EL Honig
1½ Äpfel (Granny Smith)
150 g Zuckermelone
50 g Spinat

100 g Joghurt
100 ml gekühltes Mineralwasser
2 EL Kokosraspel
50 ml Kokosmilch
Kokosraspel zum Servieren

- Zitrone auspressen und mit dem Honig verrühren.

- Äpfel schälen, klein schneiden und im Honig-Zitronensaft wälzen.

- Melonenstück schälen, entkernen und in grobe Stücke schneiden.

- Zuerst die Apfelstücke im Mixer pürieren. Dann die Melonenstücke, den Spinat, das Joghurt, das Mineralwasser und die Kokosraspel hinzufügen. Kräftig durchmixen.

- Smoothies auf 2 Gläser verteilen.

- Kokosmilch mit dem Pürierstab schaumig schlagen, auf die Gläser verteilen und etwas umrühren.

- Mit Kokosraspel servieren.

*Wer ist reif für die Insel?
Dieser Smoothie ist ein quietschgrüner
Traum in Kokos und Melone!*

grüüün

Für diesen Smoothie verwenden Sie am besten Galiamelone oder Honigmelone, die beide ein grünlich weißes Fruchtfleisch haben.
Ideal für heiße Tage: Statt Kokosmilch Kokoswasser oder Mineralwasser pur verwenden, dann wird er schön spritzig.

Durstlöscher
Smoothies

Auch wenn Smoothies Ganzfruchtgetränke sind, müssen sie nicht immer üppig, sättigend oder sogar kalorienhaltig sein. Gerade im Sommer möchte man eher seinen Durst löschen. Der Körper verlangt nach leichten, spritzigen Getränken ohne den Zusatz von Milchprodukten. Auch Smoothies können mit der richtigen Mischung wahre Durstlöscher sein.

Verwenden Sie:

Gemüse und Obst mit hohem Wassergehalt (Gurken, Tomaten, Melonen, Erdbeeren, Kiwi)

Zitrusfrüchte (Orangen, Zitronen, Grapefruits, Blutorangen)

Gefrorenes Obst

Mixen Sie zu Ihrer Obst- oder Gemüseauswahl:

Mineralwasser

Stilles Wasser

Kokoswasser

Tee

Eiswürfel

RHABARBER BRAUSE

Limonadengetränk aus Rhabarber, Orange und Brausepulver

200 g Rhabarber
150 g Erdbeeren
2 Orangen
40 g Rohrohrzucker
Orangen-Brausepulver
200 ml gekühltes Mineralwasser

- Rhabarber und Erdbeeren putzen und in Stücke schneiden.

- Orangen auspressen.

- Beides mit dem Orangensaft und dem Rohrohrzucker 5–8 Minuten zu einem Kompott kochen. Am besten über Nacht im Kühlschrank abkühlen lassen.

- Das gekühlte Kompott mit dem Mineralwasser mixen, in zwei Gläser füllen und kurz vor dem Genuss mit etwas Brausepulver bestreuen.

Ich habe als Kind Brausepulver aus den kleinen Tütchen geliebt, wenn es prickelnd und sprudelnd auf der Zunge zerging. Welches Kind kann bei solch einem Smoothie widerstehen? Ich misch mich einfach mal unter die Kinder und nehme auch einen Becher! Prickelt schön auf der Zunge...

ERDBEERIG

Sollte keine Saison für Rhabarber sein, können Sie die quietschroten Stangen auch komplett gegen Erdbeeren austauschen. Die Erdbeeren aber nicht als Kompott einkochen, sondern frisch verarbeiten. Um mehr Säure zu erhalten, die 2 Orangen gegen 3 bis 4 Zitronen ersetzen.

POPEYE

Powerdrink aus Apfel, Banane, Spinat und Kokoswasser

1 großer Apfel
1 Banane
1 EL Zitronensaft
80 g Spinat
Eiswürfel
250 ml gekühltes Kokoswasser

- Apfel schälen und klein schneiden.

- Banane in Stücke schneiden.

- Beides mit dem Zitronensaft beträufeln.

- Spinat gründlich waschen, Stiele entfernen
  und die Blätter ggf. klein schneiden.

- Eiswürfel im Mixer crushen.

- Obst, Spinat und Kokoswasser hinzufügen.

- Gut durchmixen.

Wer kennt nicht Popeye, den Matrosen mit Pfeife im Mund, der dosenweise Spinat isst, um ungeahnte Kräfte für unzählige Prügeleien zu erhalten? Statt dem Dosenspinat ziehe ich allerdings diesen Smoothie mit frischem Spinat vor.

VERSTECKT

Isst Ihr Kind ungern Gemüse, zeigen Sie ihm nicht (außer es möchte mithelfen) unbedingt, dass Sie in den leckeren Smoothie Spinat hineingeben. Selbst Erwachsene tun sich anfangs mit dem Gedanken schwer, Spinat mit süßen Früchten im Smoothie zu kombinieren. Aber Sie werden sehen, den Spinat schmeckt man nicht heraus, er gibt nur eine dezente herzhafte Note zu den süßen Früchten.

BEERENMILCH

Süßsaurer Smoothie aus Banane, Johannisbeeren, Kefir und Mohn

1 Banane
80 g Johannisbeeren
250 ml gekühlter Kefir
1–2 EL Reissirup
2 TL Mohn
Eiswürfel

- Eiswürfel im Mixer crushen.

- Dann klein geschnittene Banane, Johannisbeeren, Kefir und Reissirup hinzufügen und kräftig pürieren.

- In Gläser füllen und mit Mohn bestreuen.

Dieser Smoothie macht am meisten Spaß, wenn die Kinder, ob groß oder klein, die Johannisbeeren selbst pflücken können. Nebenher können sie naschen und sich auf einen erfrischenden Smoothie nach vollbrachter Arbeit freuen.

KERNLOS

Sollten Sie die Kerne der Johannisbeeren stören, dann pürieren Sie die Früchte einfach separat mit dem Pürierstab und streichen das Obst durch ein Sieb. Statt Reissirup können Sie auch Agavensirup oder Honig verwenden.

WILDE AFFENBANDE

Wilder Dschungelmix aus Banane, Kokosmilch und Ananassaft

2 Bananen
200 ml gekühlter Ananassaft
50 ml gekühlte Kokosmilch
Kokosstreusel
Eiswürfel

- Eiswürfel im Mixer crushen.

- Dann klein geschnittene Bananen, Ananassaft, Kokosmilch und Kokosstreusel hinzugeben und schaumig mixen.

„Die Affen rasen durch den Wald, der eine macht den andern kalt, die ganze Affenbande brüllt: Wo ist die Kokosnuss, wo ist die Kokosnuss, wer hat die Kokosnuss geklaut?"

SPASS

... macht es Kindern, diesen Smoothie aus einer frischen Kokosnussschale zu trinken. Wie funktioniert's? Eine Kokosnuss hat 3 „Löcher", von denen immer eines weich ist. Das weiche Loch mit einem Schraubendreher und Hammer öffnen und den Kokosnusssaft in ein Glas füllen. Noch leichter geht's, wenn Sie noch ein zweites Loch auf die gleiche Weise öffnen. Die geleerte Kokosnuss nun einige Male auf einen Stein oder Bordstein hauen. Die Schalen springen teilweise ab, der Rest lässt sich recht leicht abnehmen und das Innere kann nun in zwei Teile gebrochen werden.

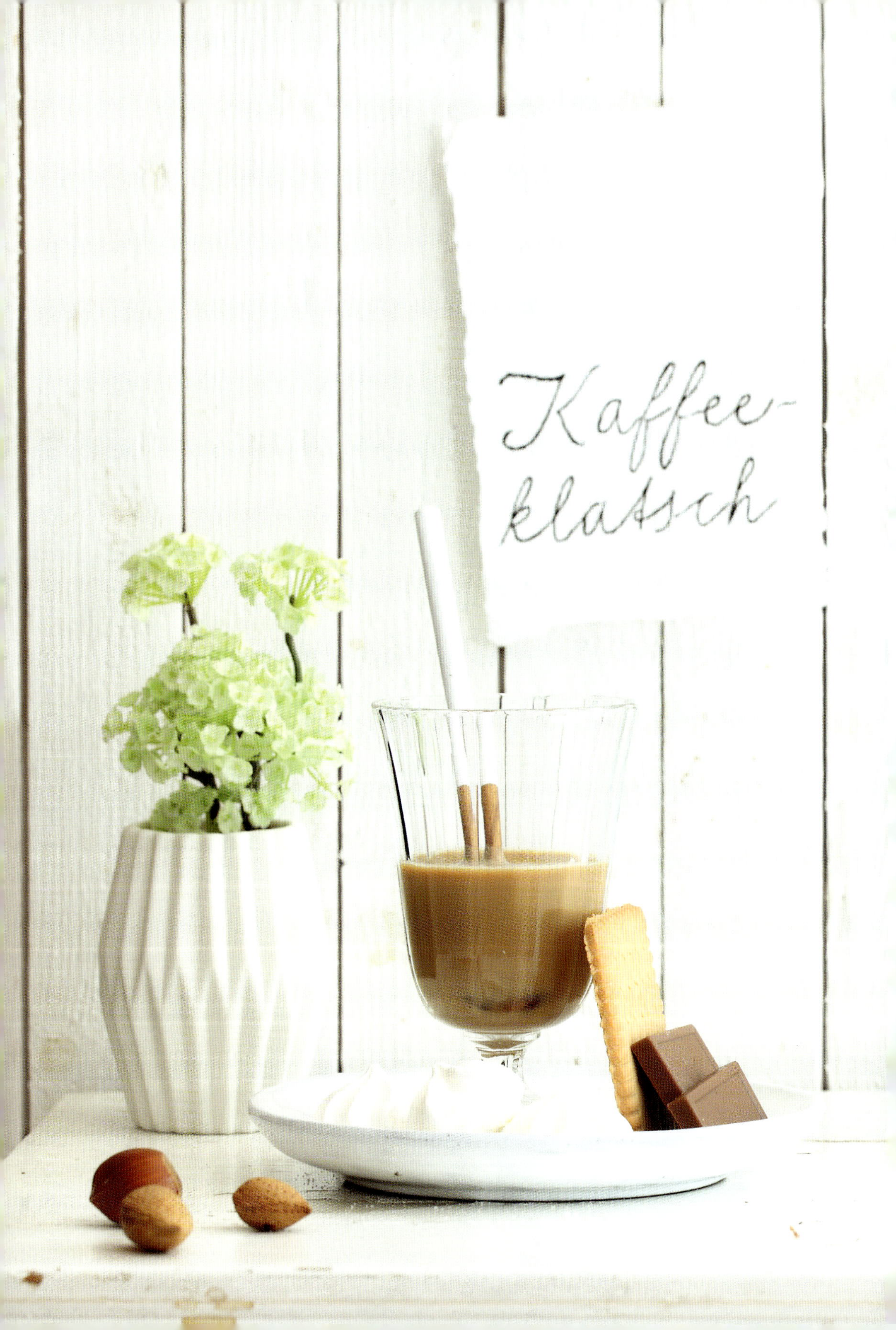
Kaffee-
klatsch

Hello Afternoon

Genuss-Smoothies für Kaffeetanten,
Schleckermäuler und Schokolover

Eton Mess

Süße Sünde aus Beeren, Sahne, Milch, Baiser und Keksen

200 g Erdbeeren + 2 Erdbeeren
10 g Rohrohrzucker
1 TL helle Balsamicocreme
8 Waffelkekse
8 kleine Baisers
100 ml kalte Sahne

150 ml kalte Milch
3 EL Creme fraîche
1 Pkg. Vanillezucker
50 g Himbeeren
1 EL Zitronensaft

- Die 200 g Erdbeeren waschen, putzen, klein schneiden und in Zucker und Balsamicocreme 10–15 Minuten marinieren.

- 6 Kekse und 6 Baisers im Mixer fein mahlen.

- Sahne, Milch, Creme fraîche und Vanillezucker hinzufügen und kräftig mixen.

- Zum Schluss die Erdbeeren und Himbeeren dazugeben und pürieren.

- Mit Zitronensaft abschmecken.

- In Gläser füllen und mit den zwei geschnittenen Erdbeeren, zerkrümelten Baisers und Keksen servieren.

Das englische Schicht-Dessert Eton Mess hat mich zu dieser Leckerei inspiriert. Den Smoothie kann man trinken oder auch als Dessert zum Löffeln servieren.

leichter

Wer es etwas leichter bevorzugt, kann die Creme fraîche durch saure Sahne ersetzen. Als Ersatz für die Sahne (30 % Fett) können Sie mehr Milch verwenden.

Iced Coffee

Kaffeegenuss aus Milch, Sahne, Vanilleeis und Espresso

100 ml Milch
100 ml Sahne
150 g Vanilleeis
1 doppelter Espresso
Kakaopulver zum Servieren
Eiswürfel

- Eiswürfel im Mixer crushen.

- Milch, Sahne und 100 g Vanilleeis hinzufügen und mixen.

- In Gläser füllen und den Espresso auf die Gläser verteilen. Dabei sehr langsam einfließen lassen, damit zwei Schichten entstehen.

- Mit je einer Kugel Vanilleeis und Kakaopulver servieren.

Was gibt es Schöneres als nachmittags im Schatten auf dem Balkon oder im Garten zu sitzen und einen Eiskaffee-Smoothie zu genießen.

Als Variante für Kinder kann man statt dem Espresso auch 100 ml kalten Kakao verwenden. Die Eissorte lässt sich zudem wunderbar variieren: Schokoeis oder Haselnusseis schmeckt auch hervorragend dazu.

Chocolate love

Smoothie aus zwei Schokoladensorten, Milch und Sahne

50 g Kakao-Schokolade 70%
50 g Vollmilch-Schokolade
100 ml kalte Sahne
200 ml Milch

- Schokoladensorten hacken. Einen kleinen Teil als Deko beiseite stellen.

- Sahne schlagen.

- Milch kurz erwärmen, nicht kochen und in den Mixer geben.

- Schokolade hinzufügen, etwas schmelzen lassen und kurz mixen.

- Zum Schluss die Sahne vorsichtig unterheben.

- Auf Gläser verteilen und mit den Schokosplittern bestreuen.

Sinnlich schokoladiger Smoothie.
Danach ist die Welt wieder in Ordnung!

Den Smoothie können Sie auch warm zubereiten und genießen.

Horchata

Milchmischgetränk aus Mandelmilch,
Mandeln, Milch, Sahne und Rum

80 g gemahlene Mandeln
100 ml Mandelmilch
60 ml Kondensmilch
150 ml Milch
30 ml Sahne

20 ml Rum (optional)
½ TL Zimt
12 TR Vanilleextrakt
½ Pkg. Vanillezucker
Eiswürfel

• Eis im Mixer crushen.

• Alle restlichen Zutaten hinzugeben und gut durchmixen.

Horchata ist ein beliebtes Sommergetränk aus Valencia in Spanien. Das Original-rezept wird allerdings aus Erdmandeln hergestellt. Diese Interpretation wird aus herkömmlichen Mandeln, Mandelmilch, Sahne und Rum gemixt, der dem Ganzen das gewisse Etwas gibt.

gut gekühlt

Der Horchata-Smoothie lässt sich gut einen Tag im Kühlschrank aufbewahren. Einfach einmal gut umrühren und er schmeckt fast noch besser.

Apple Pie

*Apfelkuchen-Smoothie aus Apfelmus, Haselnüssen,
Apfelsaft, Milch und Vanilleeis*

4 EL Apfelmus
40 g gemahlene Haselnüsse
200 ml Apfelsaft
100 ml Milch
½ TL Zimt
50 g Vanilleeis

- Alle Zutaten, bis auf das Vanilleeis, in den Mixer
  geben und kräftig pürieren.

- Erst zum Schluss das Vanilleeis dazugeben und
  noch mal kurz mixen.

*Apfelkuchen zum Trinken.
Ist ruckzuck fertig und kann
als kalte oder warme Variante
zubereitet werden.*

mit Birne

Als Variante bietet sich statt dem Apfel auch Birne an. Dafür einfach eine große Birne
schälen und mit etwas Wasser und Zucker weich kochen und pürieren.
Natürlich können Sie das Apfelmus im Rezept genauso auch selbst herstellen.

Mix mit
Kids

Die meisten Kinder mögen es süß und bunt. Stellen Sie, zum Beispiel mal am Wochenende oder auf einer Geburtstagsfeier, eine Auswahl an verschiedenen Früchten und Toppings bereit und überlassen Sie es den Kindern, ihren Lieblingssmoothie zu mixen und zu verzieren. Sie werden sehen, es ist ein Riesenspaß! Je kleiner die Kinder, desto mehr Gekleckse gibt es ... Aber das Ganze muss ja nicht im Wohnzimmer stattfinden ...

Toppings süß und klebrig:

Bunte Zuckerstreusel und Zuckerperlen

bunte Schokolinsen

Mini-Gummibärchen

Mini-Marshmallows

Krokant

Schokoladenraspel und -tropfen

Schokoladensauce

Fruchtsaucen und -pürees

Toppings nussig, knusprig, fruchtig:

Puffreis

Weizenpops

Himbeeren, Heidelbeeren, Erdbeeren

Haferflocken

Müslicrunch

Cornflakes

Nüsse (Walnüsse, Mandeln, Haselnüsse)

Studentenfutter

Kokosstreusel

gehackte Spekulatiuskekse

gehackte Butterkekse

zerbröselte Baisers

WILDE HUMMEL

Duftender, beeriger Smoothie aus Waldbeeren, Joghurt, Apfelsaft

150 g Waldbeeren (TK oder frisch)
Eiswürfel
180 g Joghurt
150 ml Apfelsaft
1 Pkg. Vanillezucker
evtl. Agavensirup
50 g frische Himbeeren
bunte Zuckerstreusel zum Servieren

- Waldbeerenmischung auftauen und durch ein Sieb streichen.

- Eiswürfel im Mixer crushen.

- Dann alle restlichen Zutaten hinzufügen und sorgfältig pürieren.

- Mit bunten Zuckerstreuseln servieren.

Der Duft und die Farbe von frisch gepflückten Waldbeeren ist unvergleichlich. Egal ob kleine aromatische Walderdbeeren, Himbeeren, Heidelbeeren oder Brombeeren: Es duftet nach Wald und Wiesen – die wilden Hummelchen mittendrin.

ZUM LÖFFELN

Wer diesen Smoothie lieber als Dessert haben möchte, kann das zur Freude der Kinder folgendermaßen tun: Lassen Sie die Kinder den Apfelsaft in Eiswürfelformen füllen und einfrieren. Dieses werden statt der normalen Eiswürfel verarbeitet und der Smoothie wird dicker und sämiger.

ROSAROTER PANTHER

Zuckerrosaroter Smoothie aus Erdbeeren,
Milch und Marshmallows

250 g Erdbeeren
250 ml Milch
60 g Marshmallows

Verschiedene Zuckerstreusel
Mini-Schoko-Drops
Zuckerperlen

- Erdbeeren waschen, putzen und klein schneiden.

- Alle Zutaten in den Mixer geben und kräftig mixen.
  Die Marshmallows werden immer etwas stückig bleiben.

- Smoothie mit den verschiedenen Zuckerperlen, -streuseln
  und Drops verzieren.

Spaß im Glas! Dieser Smoothie ist wie
für Kinder gemacht: rosa und schön klebrig
süß. Der Renner auf einer Kindergeburts-
tagsparty.

ES WIRD BUNT

Füllen Sie Zuckerstreusel, bunte Mini-Schoko-Drops und Zuckerperlen in verschiedene
Schüsseln und lassen Sie Ihre Kinder ihren Smoothie selbst dekorieren. Ein großer Spaß!

Guten Abend, gute Nacht

Sweet Nights

Gute-Nacht-Smoothies für Couch-Potatos
und InsBettgeher, beschwipste Smoothies
für Partygänger und Nachteulen

Berry Punch

Smoothie-Cocktailglück aus Waldbeeren, Holunderblütensirup, Crémant und Wodka

150 g Heidelbeeren
100 g rote Johannisbeeren
200 g Himbeeren
50 ml Holunderblütensirup
200 ml Crémant oder Prosecco
30 ml Wodka
½ Zitrone, ausgepresst
crushed Ice

- Beeren, Sirup, Crémant, Wodka und Zitronensaft im Mixer fein pürieren.

- Auf Gläser verteilen und mit crushed Ice auffüllen.

Für die nächste Party ein köstlicher, erfrischender Cocktail.

alkoholfrei

Für eine alkoholfreie Alternative einfach den Crémant gegen Zitronenlimonade ersetzen und den Wodka weglassen. Dieser Smoothie-Cocktail kann auch mit Tiefkühlbeeren zubereitet werden.

Piña Colada

*Urlaubs- und Inselfeeling mit Ananassaft,
Ananas, Sahne und Kokossirup*

200 ml Ananassaft
50 g Ananasfruchtfleisch
80 ml Sahne
50 ml Kokossirup
1 Prise Muskat
Eiswürfel
crushed Ice

- Eiswürfel im Mixer crushen.

- Dann die restlichen Zutaten hinzufügen und kräftig pürieren.

- Auf Gläser verteilen und mit crushed Ice auffüllen.

 *Der Klassiker unter den Cocktails. Und als Smoothie besonders fruchtig und sämig durch das Ananasfruchtfleisch.*

Zwar ist die Sahne ein Geschmacksträger, aber dieser Smoothie kann für eine leichtere und spritzigere Variante auch ohne Sahne hergestellt werden. Dafür einfach 50 g mehr Fruchtfleisch, 50 ml mehr Ananassaft oder auch Mineralwasser verwenden.

Camomille sleep well

Warmer Smoothie aus Kamillentee, Kokosmilch, Banane, Honig und Mandeln

200 ml Kamillentee
200 ml Kokosmilch
1 Zitrone
1 Banane
30 g gemahlene Mandeln
1 EL Honig
2 Prisen Muskatnuss

- Kamillentee zubereiten und ein bisschen abkühlen lassen.
- Kokosmilch erwärmen, dabei nicht zum Kochen bringen.
- Zitrone auspressen.
- Banane in Stücke schneiden und mit dem Zitronensaft beträufeln.
- Nun alle Zutaten in den Mixer geben und kräftig pürieren.
- Warm servieren.

Dieser Smoothie beruhigt und wärmt die Seele und die Füße am Abend oder an kalten Herbst- und Wintertagen.

nussfrei

Bei einer Nussallergie kann der Smoothie auch mit Haferflocken, die vorher etwas in Kokosmilch eingeweicht werden, zubereitet werden. Dieser Smoothie schmeckt natürlich auch kalt.

Grilled Peach Cooler

Sommerleichter Fruchtgenuss mit Pfirsichen, Orangen und Kokoswasser

4 reife Pfirsiche
(= 150 g Fruchtfleisch)
2 Orangen

5 Kokoswasser-Eiswürfel
150 ml gekühltes Kokoswasser
Vanillemark

- Einen Tag zuvor Kokoswasser in Eiswürfelformen einfrieren.
- Die Haut der Pfirsiche abziehen und das Fruchtfleisch in Stücke schneiden.
- In einer Aluschale auf den Grill legen und ein paarmal wenden, bis sie schön gebräunt sind. Etwas auskühlen lassen.
- Orangen auspressen.
- Kokoswasser-Eiswürfel im Mixer crushen.
- Dann alle übrigen Zutaten hinzufügen und kräftig pürieren.

Ein lauer Sommerabend. Es wird gegrillt. Würzige und süße Aromen liegen in der Luft. Pfirsiche eignen sich wunderbar zum Grillen und schmecken auch in einem Smoothie nach Sommer und guter Laune.

im Ofen

Pfirsiche grillen funktioniert auch super im Backofen. Lassen Sie die Früchte zunächst bei 180 Grad 10 Minuten Umluft backen und stellen den Ofen dann auf Grill um – nochmal für 10 Minuten. Fertig!

Red Sangria

Roter Smoothie aus Pflaumen, Erdbeeren,
Rotwein und Zitronenlimonade

2 rote Pflaumen
200 g Erdbeeren
100 ml Rotwein
100 ml Zitronenlimonade
crushed Ice

- Pflaumen waschen, entkernen und klein schneiden.
- Erdbeeren waschen, putzen und klein schneiden.
- Früchte, Rotwein in den Mixer geben und gut kräftig pürieren.
- Zum Schluss Zitronenlimonade hinzugießen und umrühren.
- Smoothie auf die Gläser verteilen und mit crushed Ice auffüllen.

Das Original wird mit Orangen
und Äpfeln zubereitet. Doch es gibt schon
unzählige Varianten dieses spanischen
Sommergetränks.

alkoholfrei

Für die alkoholfreie Variante einfach statt Rotwein roten Johannisbeersaft verwenden.

Watermelon Caipirinha

*Sommerfrischer Smoothie aus Wassermelone,
Limette und Zuckerrohrschnaps*

300 g Wassermelone
Eiswürfel
150 ml Zuckerrohrschnaps
50 ml Rohrohrzuckersirup
1 Limette
Limettenscheiben zum Servieren

- Wassermelone von Kernen befreien und in grobe Stücke schneiden.

- Eiswürfel im Mixer crushen.

- Alle übrigen Zutaten hinzufügen und durchmixen.

- Mit Limettenscheiben servieren.

*Caipirinha-Smoothie:
Der absolute Frische-Kick
an heißen Tagen!*

Wenn Kinder mittrinken, den Alkohol durch Ginger Ale ersetzen.

Hot Smoothies

Geht es in die kalte Jahreszeit, braucht man nach einem Tag im Schnee mit Schlitten und Schneeballschlachten etwas Wärmendes für Körper und Seele. Einige Smoothies können Sie daher auch warm zubereiten und genießen. Dafür eignen sich am ehesten die Rezepte, die Milch oder Tee enthalten. Sie können sich dafür an die Rezepte im Buch halten oder Ihren ganz eigenen warmen Seelentröster und Füßewärmer kreieren.

Schön in eine Decke kuscheln, Kamin anmachen, entspannen und im cremigen Genuss schwelgen.

Diese Smoothies eignen sich dafür:

Ovo

Chocolate love

Horchata

Apple Pie

Camomille sleep well

Gute Nacht Kuss

Pflaumenträumchen

Betthupferl

Milchreisglück

GUTE NACHT KUSS

Gute-Nacht-Smoothie aus Brombeeren,
Milch, Sahne und Honig

250 ml kalte Milch
120 g Brombeeren
50 ml kalte Sahne
2 Pkg. Vanillezucker
1 EL Honig

- Alle Zutaten in den Mixer geben und kräftig pürieren.
  Fertig!

Ich erinnere mich an einen unvergesslichen Brombeer-
pflücktag bei einer Freundin. Wir waren einige Kinder,
die loszogen, um an einer riesigen Hecke Brombeeren
pflücken zu gehen. Stundenlang waren wir dort, aßen
vom Strauch, machten Räuberleiter, damit der andere an die oben hängenden Beeren kam. Wir kamen
brombeerverschmiert am Abend zurück. Mit dicken
Brombeerbäuchen und prall gefüllten Körben. Ich habe
unglaublich selig geschlafen.

AUCH LECKER

Dieser Smoothie kann natürlich auch mit Himbeeren oder Erdbeeren gemacht werden.
Je nachdem was Sie gerade zu Hause haben oder was im Garten gerade Saison hat.

PFLAUMENTRÄUMCHEN

Smoothie aus Milch, Joghurt, Dinkelflocken, Walnüssen, Pflaumenmus und Zimt

3 EL Dinkelflocken
350 ml kalte Milch + 5 EL Milch
30 g Walnüsse
½ TL Zimt
3 EL Pflaumenmus
5 EL Joghurt

- Dinkelflocken in den 5 EL Milch 10 Minuten einweichen.

- Walnüsse grob hacken.

- Nun alle Zutaten in den Mixer geben und gut pürieren.

„Das ist der Daumen, der schüttelt die Pflaumen, der hebt sie auf, der trägt sie nach Haus und der Kleine isst sie alle auf."

ODER SO

Walnüsse können manchmal einen bitteren Beigeschmack haben. Wenn Ihr Kind diese Nüsse nicht mag, können Sie diese durch gemahlene Mandeln oder Haselnüsse ersetzen.

BETTHUPFERL

Wohliger Smoothie aus Haferflocken, Milch und Banane, gesüßt mit Dattelmus

6 getrocknete Datteln
3 EL Haferflocken
250 ml Milch + 5 EL Milch
1 Banane
2–3 EL Zitronensaft
5 TR Vanilleextrakt
Vanillemark

- Datteln in 300 ml Wasser auf niedriger Stufe weich kochen.

- Diese zusammen mit dem Kochwasser fein pürieren.

- In der Zwischenzeit die Haferflocken in den 5 EL Milch einweichen.

- Banane in Stücke schneiden und mit den restlichen Zutaten im Mixer fein pürieren.

Mit dem Betthupferl kann man es sich noch mal vor dem Schlafengehen auf dem Sofa mit einer Decke gemütlich machen. Bis es heißt: „Zähne putzen, husch, husch ins Bett und gute Nacht, mein Schatz!"

SÜSS

Dattelmus ist eine natürliche Süße, die ich in unregelmäßigen Abständen in etwas größeren Mengen herstelle. Damit lässt sich nicht nur der Smoothie süßen, sondern auch Müslis, Muffins etc.

Bildquellen

Alle Fotos stammen von Susanne Schanz.

Impressum

Die in diesem Buch enthaltenen Empfehlungen und Angaben sind von der Autorin mit größter Sorgfalt zusammengestellt und geprüft worden. Eine Garantie für die Richtigkeit der Angaben kann aber nicht gegeben werden. Autorin und Verlag übernehmen keine Haftung für Schäden und Unfälle. Bitte setzen Sie bei der Anwendung der in diesem Buch enthaltenen Empfehlungen Ihr persönliches Urteilsvermögen ein. Der Verlag Eugen Ulmer ist nicht verantwortlich für die Inhalte der im Buch genannten Websites.

Bibliografische Information der Deutschen Nationalbibliothek
Die Deutsche Nationalbibliothek verzeichnet diese Publikation in der Deutschen Nationalbibliografie; detaillierte bibliografische Daten sind im Internet über http://dnb.d-nb.de abrufbar.

Das Werk einschließlich aller seiner Teile ist urheberrechtlich geschützt. Jede Verwertung außerhalb der engen Grenzen des Urheberrechtsgesetzes ist ohne Zustimmung des Verlages unzulässig und strafbar. Das gilt insbesondere für Vervielfältigungen, Übersetzungen, Mikroverfilmungen und die Einspeicherung und Verarbeitung in elektronischen Systemen.

© 2015 Eugen Ulmer KG
Wollgrasweg 41, 70599 Stuttgart (Hohenheim)
E-Mail: info@ulmer.de
Internet: www.ulmer.de
Lektorat: Gabi Franz, Antje Munk
Herstellung: Silke Reuter
Umschlagentwurf: Dittus Design
Satz: Dittus Design
Reproduktion: timeRay, Herrenberg
Druck und Bindung: Westermann Druck, Zwickau
Printed in Germany

ISBN 978-3-8001-8335-7

MILCHREISGLÜCK

Milch-Smoothie aus Milchreis und Erdbeerpüree

60 g Milchreis
320 ml Milch
1 Prise Salz
150 g Erdbeeren
60 ml Wasser

- Milchreis mit der Milch zum Kochen bringen, die Prise Salz unterrühren und unter ständigem Rühren 15–20 Minuten auf niedriger Temperatur köcheln lassen.

- Auskühlen lassen.

- In der Zwischenzeit die Erdbeeren waschen, putzen, klein schneiden und mit dem Wasser 5–10 Minuten weich kochen.

- Dann pürieren und ebenfalls kalt stellen.

- Milchreis in zwei Gläser füllen und mit dem Erdbeerpüree servieren.

Milchreis ist für viele Kinder (und auch Erwachsene) pures Glück. Er ist süß, sättigt, macht ein wohliges Gefühl im Bauch und einen niedlichen mit Milchreis verkleckerten Kindermund. Schmatz!

AUCH LECKER

Testen Sie als Variante mal Grießbrei statt Milchreis. Auch sehr lecker. Andere Fruchtmuse können Sie genauso ausprobieren: Himbeere, Apfel, Pflaume, Aprikose. Lassen Sie Ihrer Fantasie einfach freien Lauf.